SAS

GÉRARD DE VILLIERS

SAS

BIN-LADEN : LA TRAQUE

SCÉNARIO : MARTIN EDEN
D'APRÈS L'ŒUVRE DE GÉRARD DE VILLIERS

DESSIN : CÉSAR

COULEUR : LUCA MALISAN

COUVERTURE : KEITH GARVEY

Dépôt légal : novembre 2007
ISBN : 978-2-7234-5983-9
Achevé d'imprimer en Italie en novembre 2007 par Eurografica.

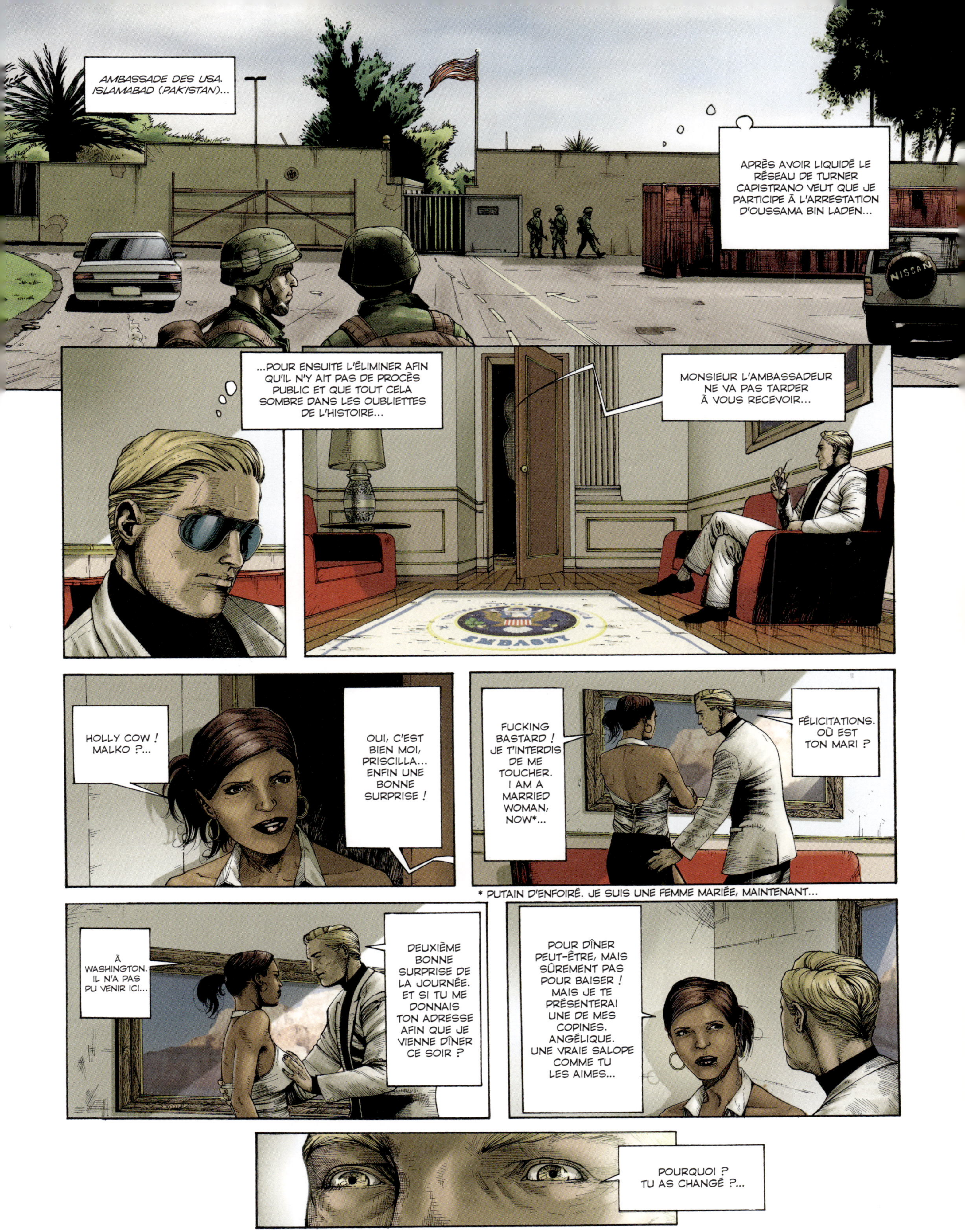
AMBASSADE DES USA. ISLAMABAD (PAKISTAN)...
APRÈS AVOIR LIQUIDÉ LE RÉSEAU DE TURNER CAPISTRANO VEUT QUE JE PARTICIPE À L'ARRESTATION D'OUSSAMA BIN LADEN...
...POUR ENSUITE L'ÉLIMINER AFIN QU'IL N'Y AIT PAS DE PROCÈS PUBLIC ET QUE TOUT CELA SOMBRE DANS LES OUBLIETTES DE L'HISTOIRE...
MONSIEUR L'AMBASSADEUR NE VA PAS TARDER À VOUS RECEVOIR...
EMBASSY
HOLLY COW ! MALKO ?...
OUI, C'EST BIEN MOI, PRISCILLA... ENFIN UNE BONNE SURPRISE !
FUCKING BASTARD ! JE T'INTERDIS DE ME TOUCHER. I AM A MARRIED WOMAN, NOW*...
FÉLICITATIONS. OÙ EST TON MARI ?
* PUTAIN D'ENFOIRÉ. JE SUIS UNE FEMME MARIÉE, MAINTENANT...
À WASHINGTON. IL N'A PAS PU VENIR ICI...
DEUXIÈME BONNE SURPRISE DE LA JOURNÉE. ET SI TU ME DONNAIS TON ADRESSE AFIN QUE JE VIENNE DÎNER CE SOIR ?
POUR DÎNER PEUT-ÊTRE, MAIS SÛREMENT PAS POUR BAISER ! MAIS JE TE PRÉSENTERAI UNE DE MES COPINES. ANGÉLIQUE. UNE VRAIE SALOPE COMME TU LES AIMES...
POURQUOI ? TU AS CHANGÉ ?...

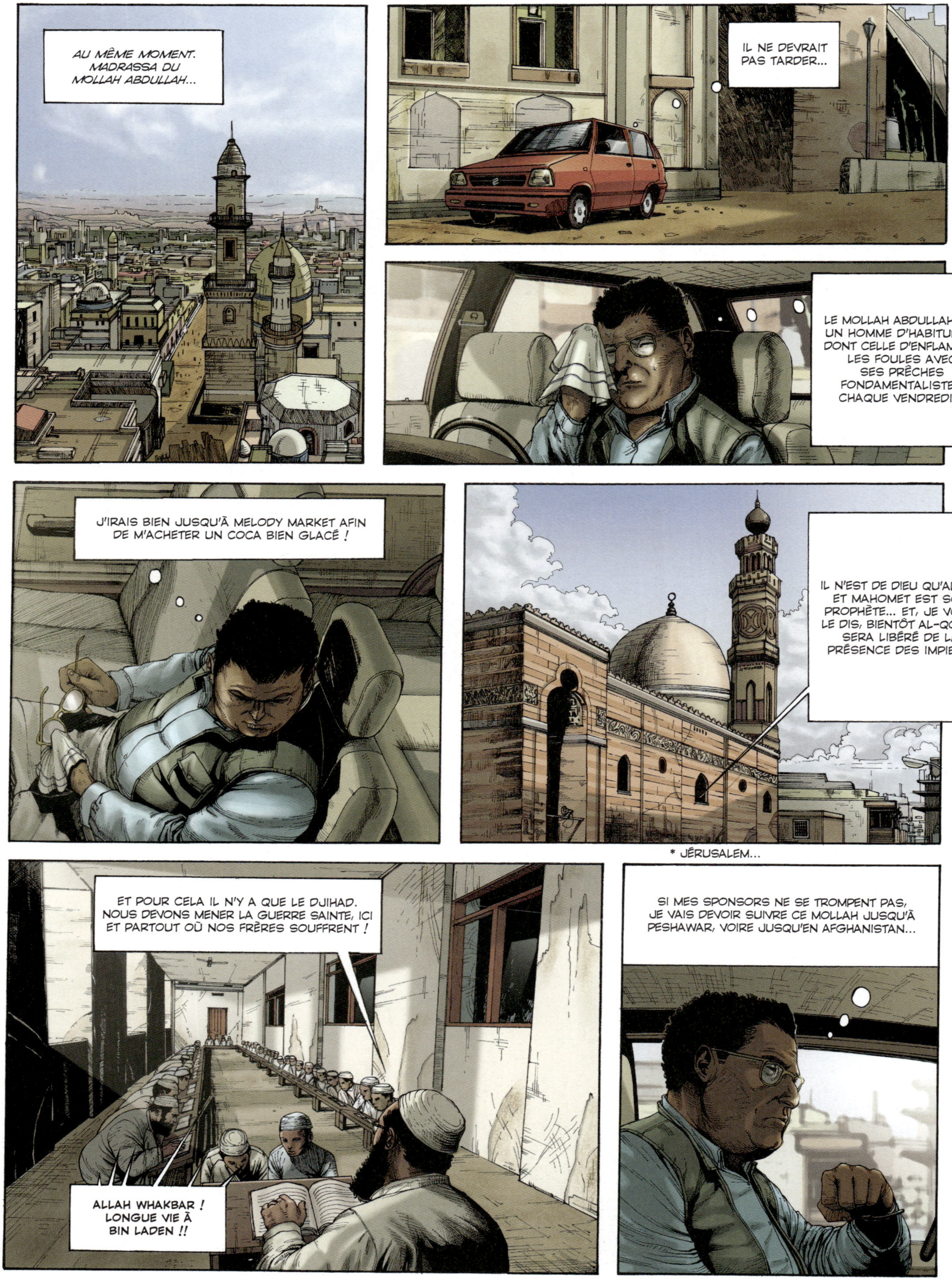
AU MÊME MOMENT. MADRASSA DU MOLLAH ABDULLAH...
IL NE DEVRAIT PAS TARDER...
LE MOLLAH ABDULLAH EST UN HOMME D'HABITUDES. DONT CELLE D'ENFLAMMER LES FOULES AVEC SES PRÊCHES FONDAMENTALISTES CHAQUE VENDREDI...
J'IRAIS BIEN JUSQU'À MELODY MARKET AFIN DE M'ACHETER UN COCA BIEN GLACÉ !
IL N'EST DE DIEU QU'ALLAH, ET MAHOMET EST SON PROPHÈTE... ET, JE VOUS LE DIS, BIENTÔT AL-QODS* SERA LIBÉRÉ DE LA PRÉSENCE DES IMPIES !
* JÉRUSALEM...
ET POUR CELA IL N'Y A QUE LE DJIHAD. NOUS DEVONS MENER LA GUERRE SAINTE, ICI ET PARTOUT OÙ NOS FRÈRES SOUFFRENT !
ALLAH WHAKBAR ! LONGUE VIE À BIN LADEN !!
SI MES SPONSORS NE SE TROMPENT PAS, JE VAIS DEVOIR SUIVRE CE MOLLAH JUSQU'À PESHAWAR, VOIRE JUSQU'EN AFGHANISTAN...

...ET EMPOCHER LA RÉCOMPENSE DE 25 MILLIONS DE DOLLARS SI JE METS LES AMÉRICAINS SUR LA PISTE DU CHEF D'AL-QAIDA...
MOLLAH ABDULLAH, VOUS NE SOUHAITEZ VRAIMENT PAS QUE L'UN DE NOUS VOUS ACCOMPAGNE POUR UN SI LONG PÉRIPLE ?
NE T'INQUIÈTE PAS, FERWAZ. LE VOYAGE QUE J'ENTREPRENDS À L'APPEL DU CHEIKH EST TOTALEMENT INCONNU DE NOS ENNEMIS !
MOLLAH ABDULLAH ?...
BATTATATT
ARGHHHHH...
AU MOINS J'AI LE NUMÉRO DE LA PLAQUE. MES SPONSORS ME DONNERONT BIEN UNE PRIME POUR ÇA...

UNE HEURE PLUS TARD...
MOI, C'EST GREG BAUTZER, LE C.O.S* DE LA COMPAGNIE, ICI À ISLAMABAD. JE VAIS VOUS PRÉSENTER MON ÉQUIPE DE PESHAWAR...
* CHEF D'ANTENNE DE LA CIA...
G.BAUTZER
VOICI GEORGES KEEL, SURNOMMÉ "BUD", ET SON ADJOINTE ANGIE BOATMAN...
ENCHANTÉ, MOI C'EST...
OUAIS, NOUS SAVONS QUI VOUS ÊTES. LANGLEY NOUS A ENVOYÉ VOTRE BIOGRAPHIE...
BUD EST NOTRE SPÉCIALISTE DE L'AFGHANISTAN !
VOUS PARLEZ DARI ?
NON !
PACHTOUN ?
NON PLUS, MAIS JE LIS BEAUCOUP !

MONSIEUR FRANCK CAPISTRANO, DE LA MAISON BLANCHE, M'A APPRIS QUE VOUS AVIEZ ACCOMPLI UN TRAVAIL FORMIDABLE ET QUE VOUS ÉTIEZ SUR LE POINT DE LOCALISER OUSSAMA BIN LADEN...
ETANT DONNÉ MON IMPLICATION DANS CE DOSSIER, IL A TENU À CE QUE JE PARTICIPE À LA DERNIÈRE PHASE DE L'OPÉRATION...
...COMME "TÉMOIN", DISONS. MAIS, BIEN ENTENDU, C'EST VOUS QUI EN RETIREREZ OFFICIELLEMENT LE BÉNÉFICE...
CE QUI N'EST QUE JUSTICE... D'AILLEURS, JE NE SUIS QUE CONTRACTUEL DE L'AGENCE !
???...
JE CRAINS QUE VOUS NE SOYEZ DÉÇU, MONSIEUR LINGE. NOUS SOMMES TRÈS LOIN DE CAPTURER CET ASSHOLE* !

* TROU DU CUL !

QUELQUES HEURES PLUS TARD. MARGARA HILLS. ISLAMABAD...
NEUF MOIS QUE TOUT LE MONDE LE RECHERCHE. CELA NE VA PAS ÊTRE AUSSI FACILE QUE CE CAPISTRANO PENSAIT EN M'ENVOYANT ICI...
D'AUTANT PLUS SI L'ISI* CONTINUE DE LE PROTÉGER. CE QUI SEMBLE ÊTRE LE CAS PUISQUE CE MOLLAH SEMBLE AVOIR ÉTÉ TUÉ AFIN D'EMPÊCHER QU'ON LE SUIVE JUSQU'AU CHEF D'AL-QAIDA...
...ET QUE, SES ASSASSINS ROULAIENT DANS UN VÉHICULE APPARTENANT À L'ISI... AH, ME VOILÀ ENFIN DEVANT CHEZ PRISCILLA !
* SERVICES SECRETS PAKISTANAIS
J'ESPÈRE QUE JE NE T'AI PAS FAIT ATTENDRE !
MAIS QUI ÊTES-VOUS ? ...
J'AI DÛ ME TROMPER DE VILLA. JE CHERCHE PRISCILLA CLEARWATER...
NON, C'EST BIEN ICI. ELLE EST SORTIE DÎNER AVEC SON BOY-FRIEND...

MERCI D'AVOIR ACCEPTÉ DE ME TENIR COMPAGNIE. MON MARI, QUI TRAVAILLE AU FBI, EST SOUVENT PARTI EN MISSION À KARACHI OU À PESHAWAR... DONC JE M'ENNUIE UN PEU...
VOUS ÊTES TRÈS JOLIE, ANGÉLIQUE. PRISCILLA NE MENTAIT PAS À VOTRE SUJET...
VOUS PORTEZ DES LENTILLES ?
NON. CE SONT MES VRAIS YEUX...
JE N'AVAIS JAMAIS VU CETTE COULEUR. ON DIRAIT DE L'OR...
NON... PAS MAINTENANT...
PAS ICI...

DOUCEMENT...
OUI... COMME ÇA...
MHHHHMMM...
JE VOIS QUE VOUS N'AVEZ PAS PERDU DE TEMPS POUR FAIRE CONNAISSANCE !
BON, ON NE VOUS DÉRANGE PAS PLUS LONGTEMPS. TU VIENS, CHÉRI...

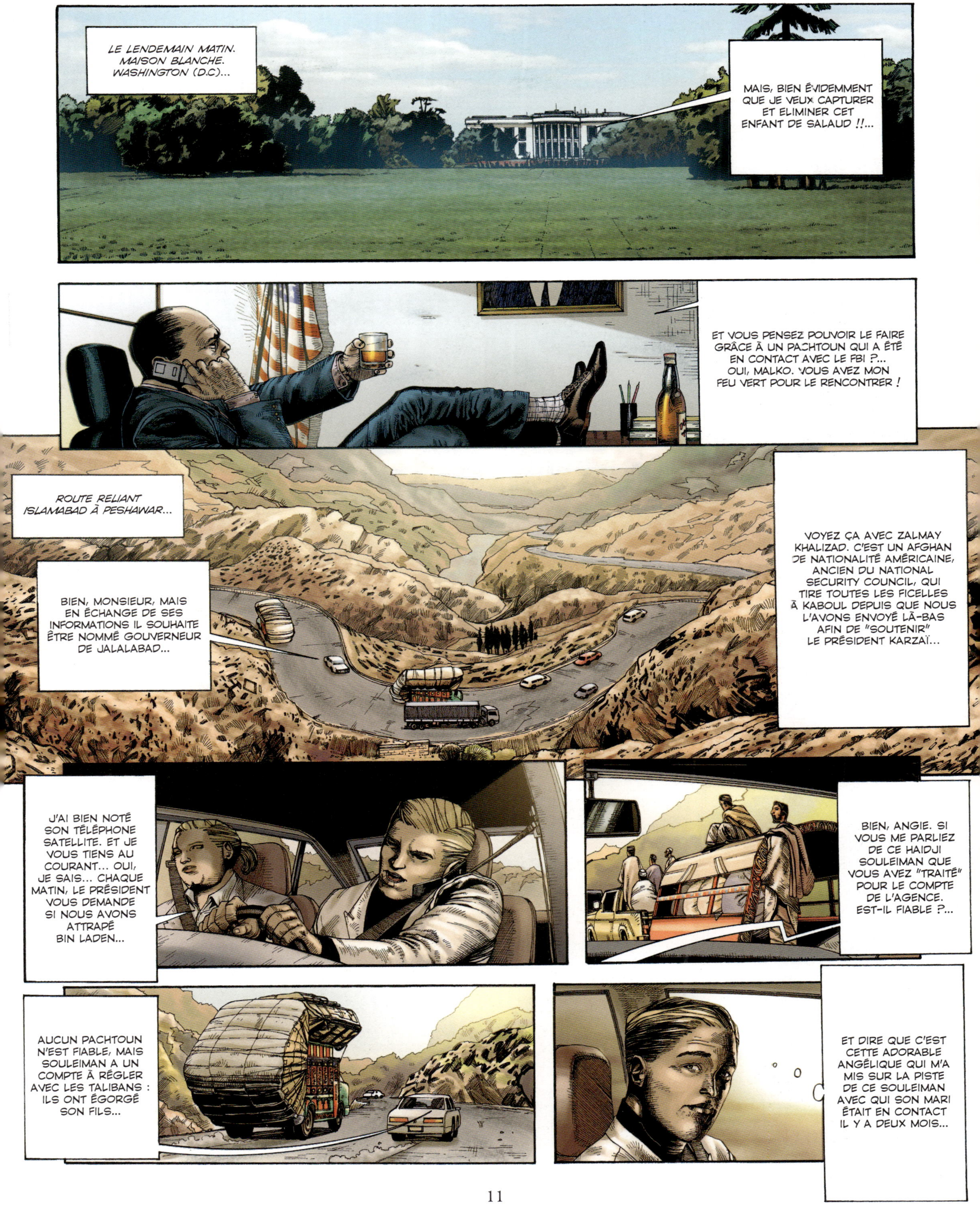
LE LENDEMAIN MATIN. MAISON BLANCHE. WASHINGTON (D.C)...
MAIS, BIEN ÉVIDEMMENT QUE JE VEUX CAPTURER ET ELIMINER CET ENFANT DE SALAUD !!...
ET VOUS PENSEZ POUVOIR LE FAIRE GRÂCE À UN PACHTOUN QUI A ÉTÉ EN CONTACT AVEC LE FBI ?... OUI, MALKO. VOUS AVEZ MON FEU VERT POUR LE RENCONTRER !
ROUTE RELIANT ISLAMABAD À PESHAWAR...
BIEN, MONSIEUR, MAIS EN ÉCHANGE DE SES INFORMATIONS IL SOUHAITE ÊTRE NOMMÉ GOUVERNEUR DE JALALABAD...
VOYEZ ÇA AVEC ZALMAY KHALIZAD. C'EST UN AFGHAN DE NATIONALITÉ AMÉRICAINE, ANCIEN DU NATIONAL SECURITY COUNCIL, QUI TIRE TOUTES LES FICELLES À KABOUL DEPUIS QUE NOUS L'AVONS ENVOYÉ LÀ-BAS AFIN DE "SOUTENIR" LE PRÉSIDENT KARZAÏ...
J'AI BIEN NOTÉ SON TÉLÉPHONE SATELLITE. ET JE VOUS TIENS AU COURANT... OUI, JE SAIS... CHAQUE MATIN, LE PRÉSIDENT VOUS DEMANDE SI NOUS AVONS ATTRAPÉ BIN LADEN...
BIEN, ANGIE. SI VOUS ME PARLIEZ DE CE HAIDJI SOULEIMAN QUE VOUS AVEZ "TRAITÉ" POUR LE COMPTE DE L'AGENCE. EST-IL FIABLE ?...
AUCUN PACHTOUN N'EST FIABLE, MAIS SOULEIMAN A UN COMPTE À RÉGLER AVEC LES TALIBANS : ILS ONT ÉGORGÉ SON FILS...
ET DIRE QUE C'EST CETTE ADORABLE ANGÉLIQUE QUI M'A MIS SUR LA PISTE DE CE SOULEIMAN AVEC QUI SON MARI ÉTAIT EN CONTACT IL Y A DEUX MOIS...

UNE HEURE PLUS TARD. PESHAWAR...
PRENEZ LA PREMIÈRE À GAUCHE. NOUS Y SOMMES PRESQUE...
GAREZ-VOUS LÀ, MISTER LINGE...
PARFAIT ! ALLONS-Y...
SALAM ALEIKOUM...
ALEIKOUM SALAM, HAIDJI...
MONSIEUR LINGE VIENT D'ARRIVER DE WASHINGTON AVEC UNE IMPORTANTE MISSION. IL SOUHAITERAIT S'ENTRETENIR AVEC VOUS...
EN QUOI PUIS-JE VOUS AIDER ?...
JE CHERCHE OUSSAMA BIN LADEN, ET ON M'A DIT QUE VOUS AURIEZ PEUT-ÊTRE UN MOYEN DE LE RETROUVER...
QUI VOUS A DIT CELA ?
UN REPRÉSENTANT D'UNE AGENCE FÉDÉRALE...
AH OUI ! CE DOIT ÊTRE DICK SPACEY DU FBI... IL A CRU QUE JE BLUFFAIS PARCE QUE JE DEMANDAIS UNE RÉCOMPENSE !
SI VOUS NE BLUFFEZ PAS, J'AI LE MOYEN DE VOUS FAIRE NOMMER GOUVERNEUR DE JALALABAD...

IL Y A DEUX MOIS C'ÉTAIT POSSIBLE. AUJOURD'HUI, JE NE SAIS PAS...
COMMENT POUVEZ-VOUS LE SAVOIR ?
LE SEUL FAIT DE COMMENCER MES RECHERCHES ME MET EN DANGER DE MORT. VOUS, LES AMÉRICAINS, PENSEZ QUE LES TALIBANS ET LEURS AMIS D'AL-QAIDA SONT EN FUITE... C'EST FAUX. ILS SONT PARTOUT ET ILS ATTENDENT LEUR REVANCHE !
ILS SURVEILLENT CEUX QU'ILS CONSIDÈRENT COMME LEURS ENNEMIS. COMME MOI D'AILLEURS ! ET JE SUIS CERTAIN QU'ILS SONT DÉJÀ AU COURANT DE VOTRE PRÉSENCE ICI. ILS ONT DES ESPIONS PARTOUT !
JE VOIS... VOUS CONNAISSEZ ZALMAY KHALIZAD ?
OUI ! ET VOUS ?
PAS PERSONNELLEMENT, MAIS SI VOUS L'APPELEZ AU NUMÉRO AFFICHÉ, IL EST EN MESURE DE VOUS FAIRE LA PROMESSE DE CE QUE VOUS SOUHAITEZ...
ATTENDEZ LÀ... JE REVIENS DE SUITE !

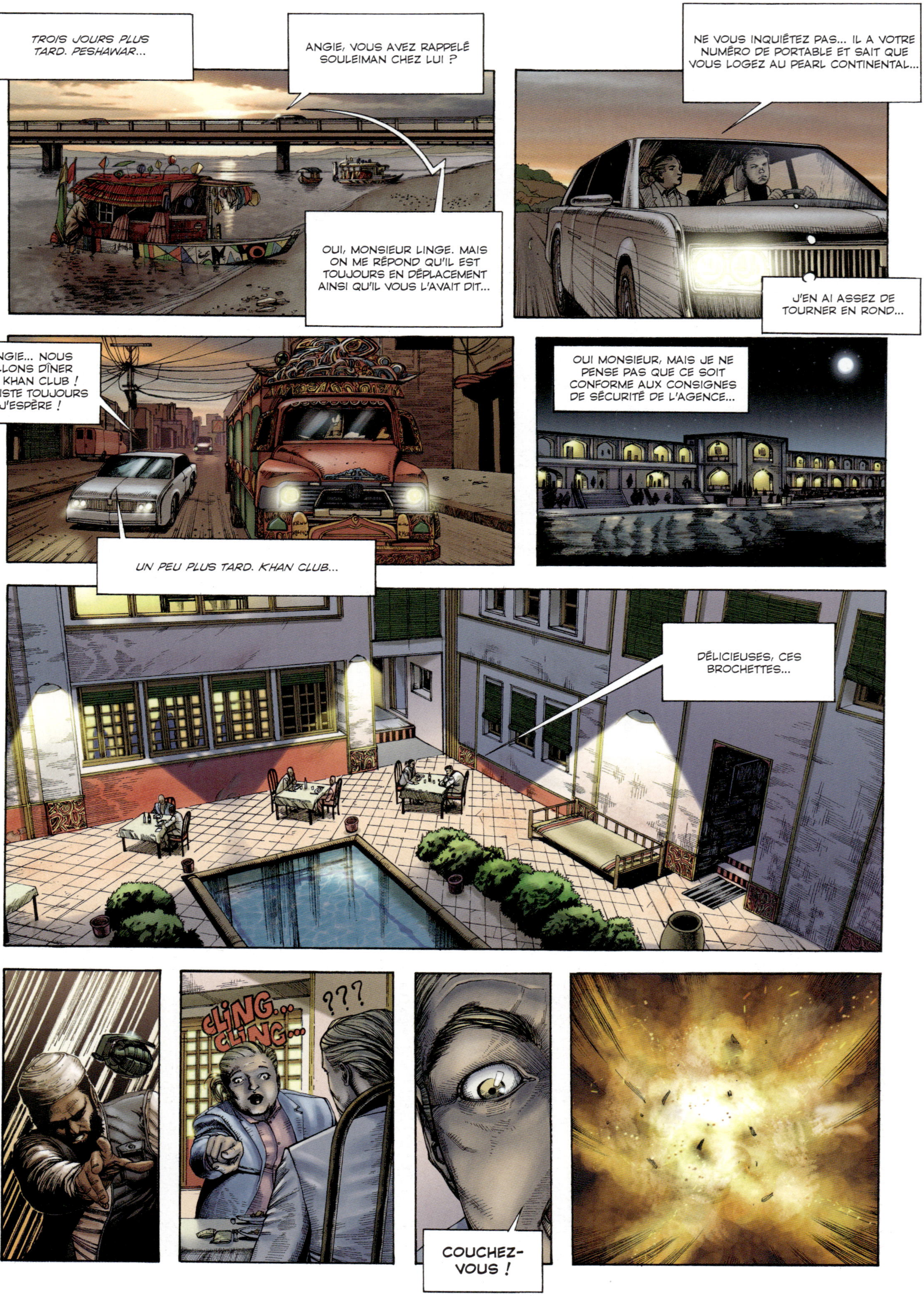
TROIS JOURS PLUS TARD. PESHAWAR...
ANGIE, VOUS AVEZ RAPPELÉ SOULEIMAN CHEZ LUI ?
OUI, MONSIEUR LINGE. MAIS ON ME RÉPOND QU'IL EST TOUJOURS EN DÉPLACEMENT AINSI QU'IL VOUS L'AVAIT DIT...
NE VOUS INQUIÉTEZ PAS... IL A VOTRE NUMÉRO DE PORTABLE ET SAIT QUE VOUS LOGEZ AU PEARL CONTINENTAL...
J'EN AI ASSEZ DE TOURNER EN ROND...
ANGIE... NOUS ALLONS DÎNER AU KHAN CLUB ! IL EXISTE TOUJOURS J'ESPÈRE !
OUI MONSIEUR, MAIS JE NE PENSE PAS QUE CE SOIT CONFORME AUX CONSIGNES DE SÉCURITÉ DE L'AGENCE...
UN PEU PLUS TARD. KHAN CLUB...
DÉLICIEUSES, CES BROCHETTES...
CLING... CLING...
???
COUCHEZ-VOUS !

ANGIE ? ANGIE !!
ALLAH WHAKBAR !!
UN KAMIKAZE ?... IL PEUT SE FAIRE SAUTER À TOUT INSTANT ET JE NE SUIS PAS ARMÉ !!

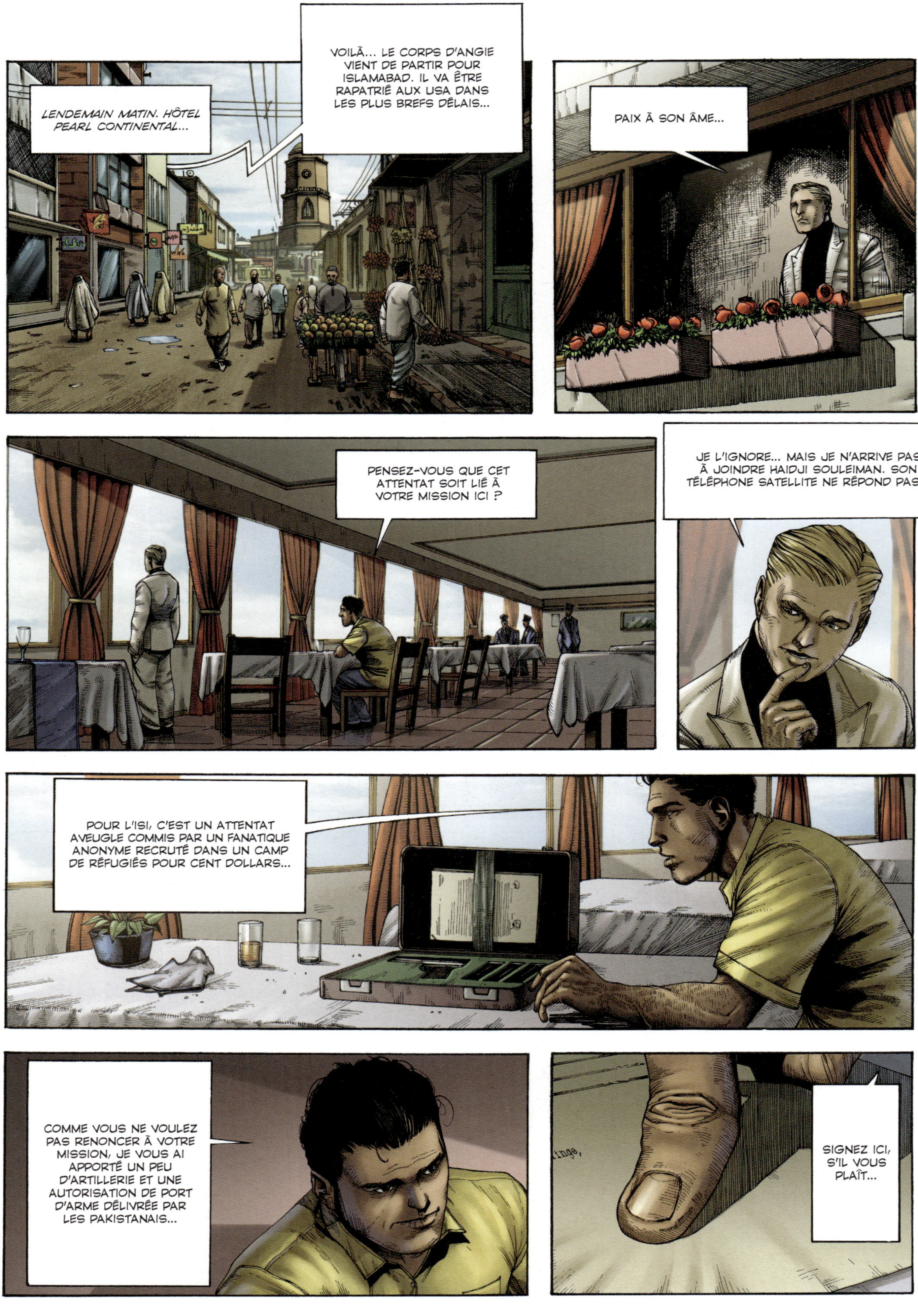
LENDEMAIN MATIN. HÔTEL PEARL CONTINENTAL...
VOILÀ... LE CORPS D'ANGIE VIENT DE PARTIR POUR ISLAMABAD. IL VA ÊTRE RAPATRIÉ AUX USA DANS LES PLUS BREFS DÉLAIS...
PAIX À SON ÂME...
PENSEZ-VOUS QUE CET ATTENTAT SOIT LIÉ À VOTRE MISSION ICI ?
JE L'IGNORE... MAIS JE N'ARRIVE PAS À JOINDRE HAIDJI SOULEIMAN. SON TÉLÉPHONE SATELLITE NE RÉPOND PAS...
POUR L'ISI, C'EST UN ATTENTAT AVEUGLE COMMIS PAR UN FANATIQUE ANONYME RECRUTÉ DANS UN CAMP DE RÉFUGIÉS POUR CENT DOLLARS...
COMME VOUS NE VOULEZ PAS RENONCER À VOTRE MISSION, JE VOUS AI APPORTÉ UN PEU D'ARTILLERIE ET UNE AUTORISATION DE PORT D'ARME DÉLIVRÉE PAR LES PAKISTANAIS...
SIGNEZ ICI, S'IL VOUS PLAÎT...

UN PEU PLUS TARD...
TOC TOC TOC
OUI ?... C'EST QUI ?...
C'EST MOI... PRISCILLA !
JE T'OUVRE !
QUAND J'AI APPRIS POUR ANGIE, J'AI SAUTÉ DANS LA VOITURE ET JE SUIS VENUE DEPUIS ISLAMABAD SANS M'ARRÊTER !
QUELLE MERVEILLEUSE SURPRISE...
TU N'AS PAS L'INTENTION DE FAIRE DES COCHONNERIES MAINTENANT ?
SI...
CAPISTRANO
ALLÔ !
C'EST CAPISTRANO ! J'AI PARLÉ AU PRÉSIDENT ET ON VA FAIRE UNE BONNE FRAPPE CHIRURGICALE DE B-52 DÈS QUE VOUS AUREZ LES COORDONNÉES DE CET ENFOIRÉ D'OUSSAMA, GRÂCE À VOTRE SOULEIMAN...

FRANCK, LES B-52 CE N'EST PAS TRÈS SÉLECTIF... ET S'IL SE TROUVAIT AU PAKISTAN ? ON NE PEUT PAS BOMBARDER UN PAYS ALLIÉ...
MOUAIS... QUAND VOUS SAUREZ OÙ IL EST ON EMPLOIERA CE QU'IL FAUT. VOIRE DES BOMBES "INTELLIGENTES" ! MAIS LE PRÉSIDENT LE VEUT PLUTÔT MORT QUE VIVANT...
ATTENDS... JE VAIS PRENDRE UNE DOUCHE ET TU VAS ME LÉCHER...
PLUS TARD !...
MHMMM... C'EST TOI QUI DEVAIS ME LÉCHER...
QU'EST-CE QUE TU ATTENDS ? TU N'AS PLUS ENVIE DE ME BAISER ?
PEARL
SI ! ET PLUS ENCORE...
LA PREMIÈRE FOIS QUE JE T'AI VUE À BELGRADE, JE ME SUIS DIT QUE JE TE SODOMISERAIS ENCORE SUR TON LIT DE MORT...

UN PEU PLUS TARD. ISSALANI BAZAR (PESHAWAR)...
J'EN VEUX UNE !
ON ÉTOUFFE, LÀ-DESSOUS, MAIS C'EST AMUSANT...
TU VOIS CES DEUX FEMMES EN BURKA ? JE VOUDRAIS QUE TU T'APPROCHES D'ELLES ET QUE TU ESSAIES DE VOIR CE QU'IL Y A SOUS LEUR GRILLE DE TISSU...
POURQUOI ?
JE VEUX ÊTRE CERTAIN QUE CE SONT BIEN DES FEMMES !

JE N'AI RIEN PU VOIR ! ELLES SE SONT ENFUIES DÈS QUE JE ME SUIS APPROCHÉE...
TANT PIS... FILONS, JE NE SUIS PAS TRANQUILLE !
J'AVAIS CHAUD, LÀ-DESSOUS... MAIS... TU AVAIS PEUR DE QUOI DANS LE BAZAR ?
QUE L'ON NOUS TUE...

STOP, SIR !
VIVEMENT QUE L'ON PUISSE ALLER SE BAIGNER DANS LA PISCINE DE L'HÔTEL...
DÈS QUE NOUS AURONS FRANCHI LE BARRAGE, ON SE GARE ET ON Y PLONGE AUSSITÔT ! MOI AUSSI, J'AI CHAUD...
A BOMB !... A BOMB !!!
DESCENDS VITE ET COURS À L'HÔTEL !

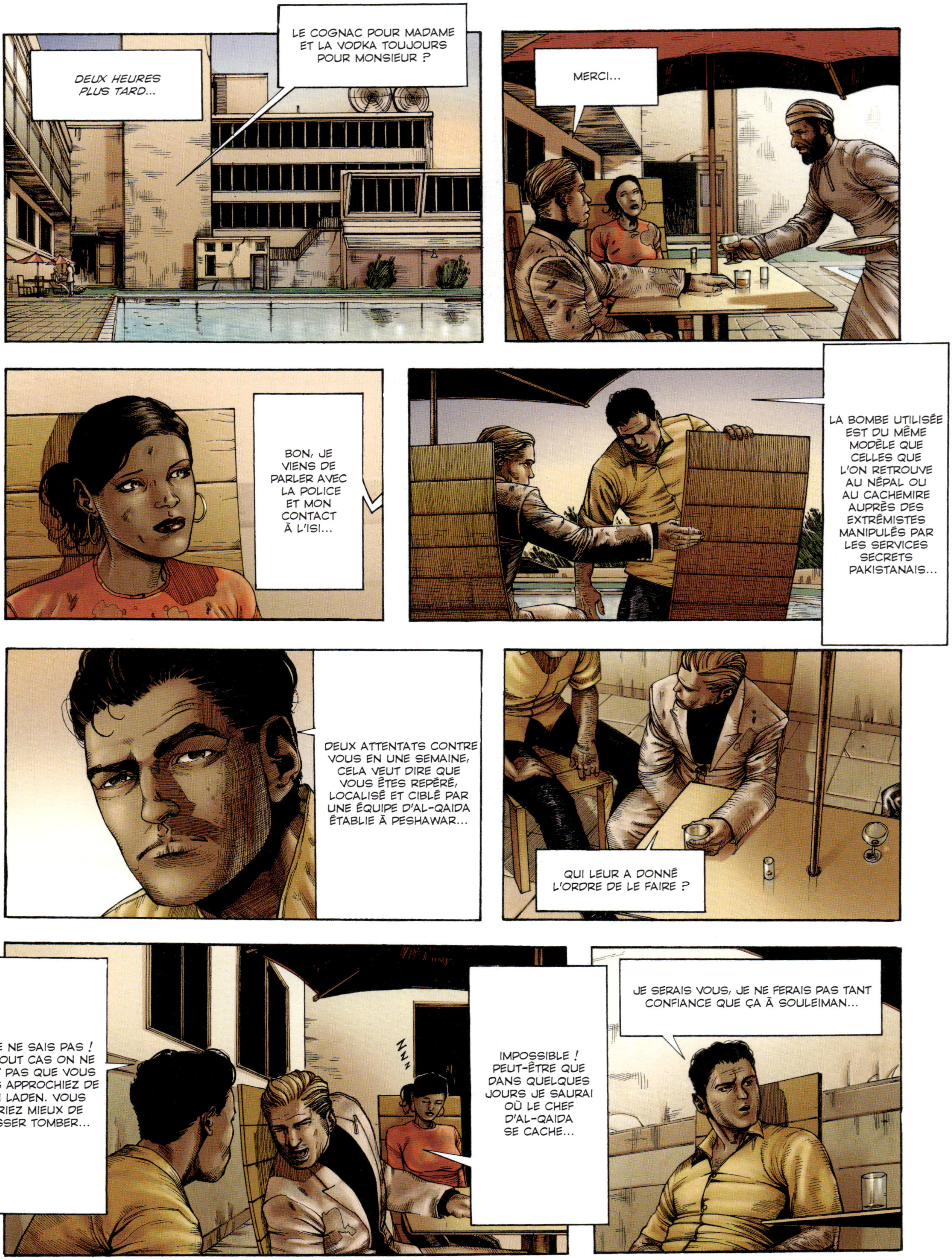
DEUX HEURES PLUS TARD...
LE COGNAC POUR MADAME ET LA VODKA TOUJOURS POUR MONSIEUR ?
MERCI...
BON, JE VIENS DE PARLER AVEC LA POLICE ET MON CONTACT À L'ISI...
LA BOMBE UTILISÉE EST DU MÊME MODÈLE QUE CELLES QUE L'ON RETROUVE AU NÉPAL OU AU CACHEMIRE AUPRÈS DES EXTRÉMISTES MANIPULÉS PAR LES SERVICES SECRETS PAKISTANAIS...
DEUX ATTENTATS CONTRE VOUS EN UNE SEMAINE, CELA VEUT DIRE QUE VOUS ÊTES REPÉRÉ, LOCALISÉ ET CIBLÉ PAR UNE ÉQUIPE D'AL-QAIDA ÉTABLIE À PESHAWAR...
QUI LEUR A DONNÉ L'ORDRE DE LE FAIRE ?
JE NE SAIS PAS ! EN TOUT CAS ON NE VEUT PAS QUE VOUS VOUS APPROCHIEZ DE BIN LADEN. VOUS FERIEZ MIEUX DE LAISSER TOMBER...
ZZZ
IMPOSSIBLE ! PEUT-ÊTRE QUE DANS QUELQUES JOURS JE SAURAI OÙ LE CHEF D'AL-QAIDA SE CACHE...
JE SERAIS VOUS, JE NE FERAIS PAS TANT CONFIANCE QUE ÇA À SOULEIMAN...

* BAISE MA CHATTE, MAINTENANT !

PESHAWAR. CINÉMA SHUMAR...
PICTURE HOUSE
THANKS, SIR. VOUS ÊTES GÉNÉREUX...
HAIDJI, LE ROUMI EST LÀ... NON ! PERSONNE NE LE SUIT...
PERSONNE NE SAIT QUE JE SUIS À PESHAWAR, MAIS VOTRE INSISTANCE À VOULOIR SAVOIR OÙ J'ÉTAIS VOUS A FAIT COURIR DE GRANDS RISQUES. DEUX ATTENTATS EN MOINS D'UNE SEMAINE, JE CROIS...
VOUS SAVEZ OÙ SE TROUVE BIN LADEN ?...
UN HOMME, QUE JE CONNAIS, A ÉTÉ CONTACTÉ PAR LE CHEIKH AFIN QU'IL FOURNISSE DES MULES ET DES CHEVAUX À UN CERTAIN ENDROIT, ET ENSUITE IL DEVRA LES RÉCUPÉRER LÀ OÙ BIN LADEN SE SERA RÉFUGIÉ. EN ALLANT VOIR CET HOMME EN AFGHANISTAN J'AURAI DONC L'INFORMATION... MAIS, C'EST DE PLUS EN PLUS RISQUÉ...
B22
EN PLUS DU POSTE DE GOUVERNEUR DE JALALABAD, VOUS AUREZ LES 25 MILLIONS DE DOLLARS OFFERTS PAR LE GOUVERNEMENT AMÉRICAIN POUR LA CAPTURE DU CHEF D'AL-QAIDA. DÈS QUE VOUS AVEZ L'INFORMATION VOUS M'APPELEZ AVEC VOTRE TÉLÉPHONE TOURAYA ET JE VIENS VOUS CHERCHER EN HÉLICOPTÈRE...
DANS CES CONDITIONS, JE PARS DEMAIN MATIN...

MASSIF DE TORA BORA (AFGHANISTAN)...
C'EST LE VILLAGE DE DEH BALA ?
MHMMM...
DIEU SOIT LOUÉ...

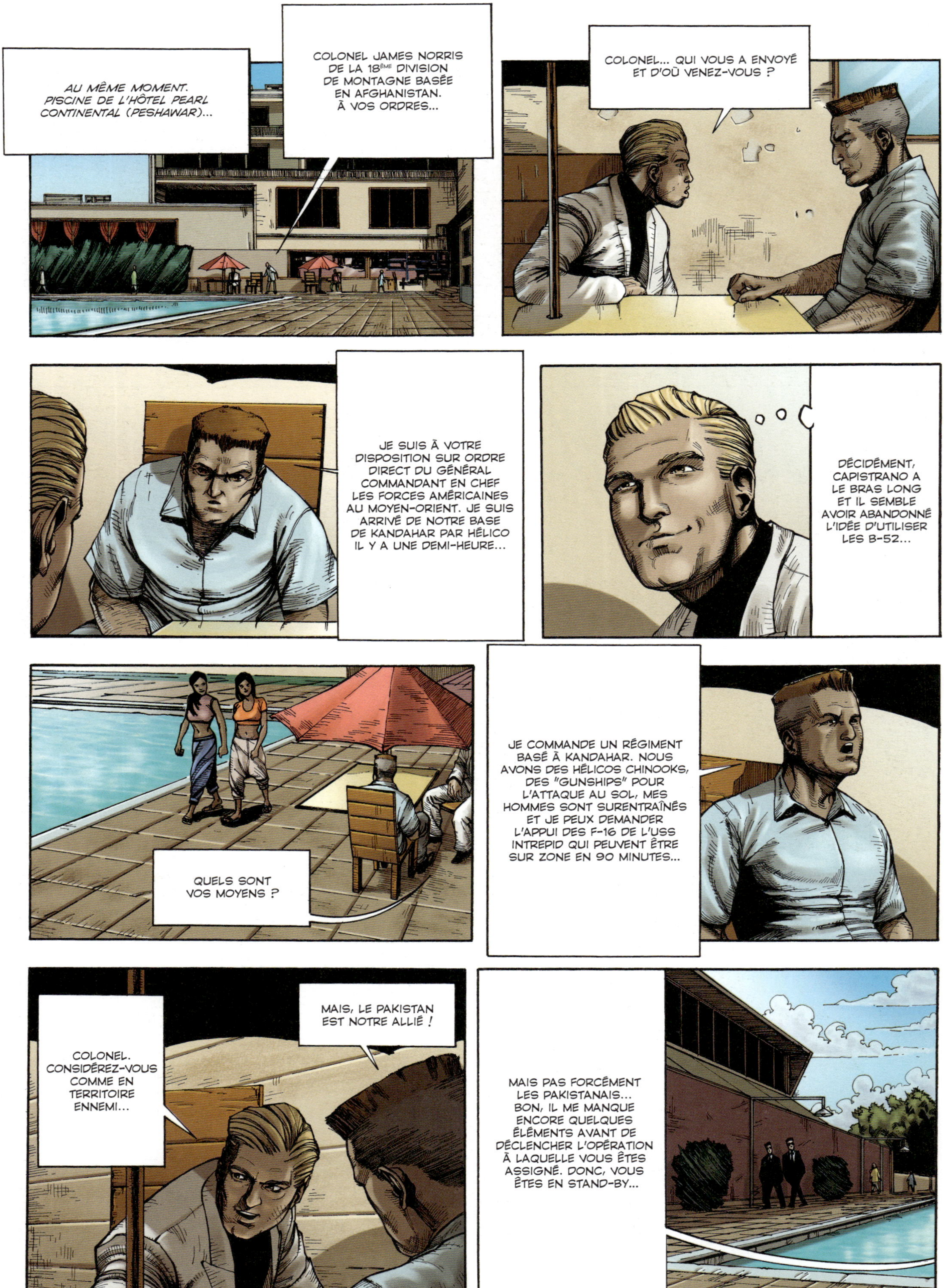
AU MÊME MOMENT. PISCINE DE L'HÔTEL PEARL CONTINENTAL (PESHAWAR)...
COLONEL JAMES NORRIS DE LA 18ème DIVISION DE MONTAGNE BASÉE EN AFGHANISTAN. À VOS ORDRES...
COLONEL... QUI VOUS A ENVOYÉ ET D'OÙ VENEZ-VOUS ?
JE SUIS À VOTRE DISPOSITION SUR ORDRE DIRECT DU GÉNÉRAL COMMANDANT EN CHEF LES FORCES AMÉRICAINES AU MOYEN-ORIENT. JE SUIS ARRIVÉ DE NOTRE BASE DE KANDAHAR PAR HÉLICO IL Y A UNE DEMI-HEURE...
DÉCIDÉMENT, CAPISTRANO A LE BRAS LONG ET IL SEMBLE AVOIR ABANDONNÉ L'IDÉE D'UTILISER LES B-52...
QUELS SONT VOS MOYENS ?
JE COMMANDE UN RÉGIMENT BASÉ À KANDAHAR. NOUS AVONS DES HÉLICOS CHINOOKS, DES "GUNSHIPS" POUR L'ATTAQUE AU SOL, MES HOMMES SONT SURENTRAÎNÉS ET JE PEUX DEMANDER L'APPUI DES F-16 DE L'USS INTREPID QUI PEUVENT ÊTRE SUR ZONE EN 90 MINUTES...
COLONEL. CONSIDÉREZ-VOUS COMME EN TERRITOIRE ENNEMI...
MAIS, LE PAKISTAN EST NOTRE ALLIÉ !
MAIS PAS FORCÉMENT LES PAKISTANAIS... BON, IL ME MANQUE ENCORE QUELQUES ÉLÉMENTS AVANT DE DÉCLENCHER L'OPÉRATION À LAQUELLE VOUS ÊTES ASSIGNÉ. DONC, VOUS ÊTES EN STAND-BY...

VILLAGE DE DEH BALA (AFGHANISTAN)...
SALAM ALEIKOUM...
ALEIKOUM SALAM...
GHOLAMAN EST REVENU DE SON PÉRIPLE !
GHOLAMAN ? OÙ ES-TU ?
C'EST MOI, HAIDJI ! JE VAIS MOURIR...
ALLÔ, ALLÔ !...
LÂCHE CE TÉLÉPHONE TOURAYA, HAIDJI, ET SUIS-MOI ! NOUS T'ATTENDONS...
C'EST MOJAMEDI ! L'HOMME QUI A ÉGORGÉ MON FILS IL Y A CINQ ANS...
TOM AMI GHOLAMAN AVAIT TRÈS ENVIE DE TE VOIR... MALHEUREUSEMENT, NOUS SOMMES ARRIVÉS AVANT TOI. VIENS !
MEURS COMME UN BRAVE, HAIDJI, CAR CE NE SONT PAS LES AMÉRICAINS QUI VONT VENIR TE SAUVER...

AU MÊME MOMENT. PISCINE DE L'HÔTEL PEARL CONTINENTAL (PESHAWAR)...
C'ÉTAIT UN LONG SHOT ! VOUS N'AVEZ PAS DÉMÉRITÉ...
CE QUI S'EST PASSÉ PROUVE EN TOUT CAS QUE VOUS AVEZ APPROCHÉ BIN LADEN !
ET QU'IL A ÉPROUVÉ LE BESOIN DE SE DÉFENDRE. IL FAUT CONTINUER !
MAIS COMMENT ?
MOI JE SUIS À WASHINGTON, JE N'EN SAIS RIEN. C'EST VOUS QUI ÊTES DANS CE PAYS POURRI, ET L'EXEMPLE SOULEIMAN PROUVE QU'IL Y A UN TAS DE GENS PRÊTS À RISQUER LEUR VIE POUR GAGNER UN PAQUET DE DOLLARS !
OK, FRANCK... JE VOUS RAPPELLE...
VOUS ÊTES CÉLÈBRE !
SOULEIMAN DEVAIT DONC TOUCHER 25 MILLIONS DE DOLLARS POUR LIVRER BIN LADEN. HONTE À DE PAREILLES HYÈNES DONT LA BASSESSE N'A D'ÉGALE QUE LA SOIF DES DOLLARS... FIN DE CITATION !
NEWS
"US AND WAR LORD LOOKING FOR OBL. WARLORD WAS DIED!"
VU CE QUI EST ARRIVÉ À SOULEIMAN, CELA NE VA PAS SUSCITER DES VOCATIONS DE TRAÎTRES. VOUS N'AVEZ PLUS QU'À REGAGNER VOTRE CHÂTEAU...
JE VAIS ENCORE RESTER QUELQUES JOURS À ISLAMABAD POUR RÉFLÉCHIR...

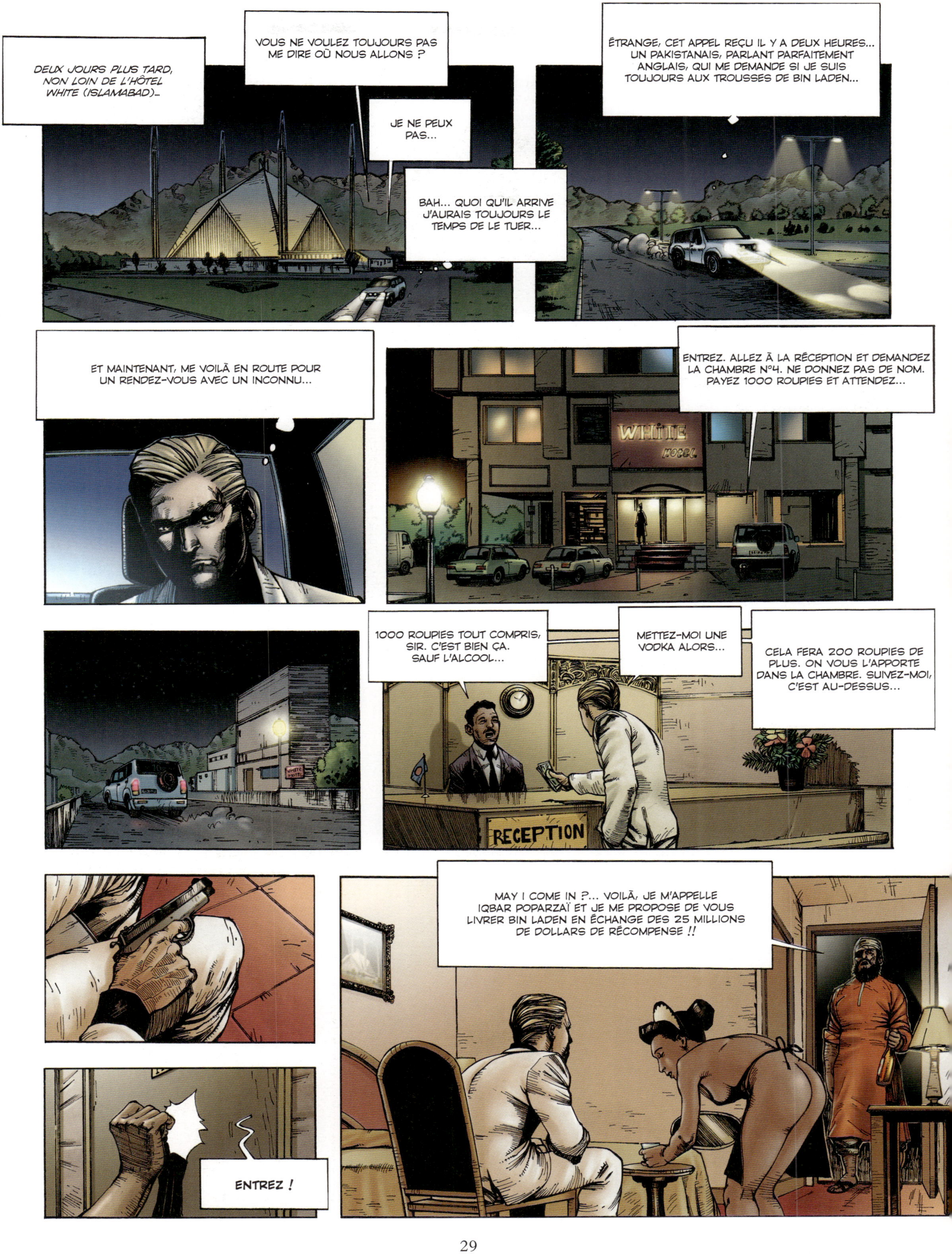

DEUX JOURS PLUS TARD, NON LOIN DE L'HÔTEL WHITE (ISLAMABAD)...
VOUS NE VOULEZ TOUJOURS PAS ME DIRE OÙ NOUS ALLONS ?
JE NE PEUX PAS...
BAH... QUOI QU'IL ARRIVE J'AURAIS TOUJOURS LE TEMPS DE LE TUER...
ÉTRANGE, CET APPEL REÇU IL Y A DEUX HEURES... UN PAKISTANAIS, PARLANT PARFAITEMENT ANGLAIS, QUI ME DEMANDE SI JE SUIS TOUJOURS AUX TROUSSES DE BIN LADEN...
ET MAINTENANT, ME VOILÀ EN ROUTE POUR UN RENDEZ-VOUS AVEC UN INCONNU...
ENTREZ. ALLEZ À LA RÉCEPTION ET DEMANDEZ LA CHAMBRE N°4. NE DONNEZ PAS DE NOM. PAYEZ 1000 ROUPIES ET ATTENDEZ...
WHITE
HOTEL
1000 ROUPIES TOUT COMPRIS, SIR. C'EST BIEN ÇA. SAUF L'ALCOOL...
METTEZ-MOI UNE VODKA ALORS...
CELA FERA 200 ROUPIES DE PLUS. ON VOUS L'APPORTE DANS LA CHAMBRE. SUIVEZ-MOI, C'EST AU-DESSUS...
RECEPTION
ENTREZ !
MAY I COME IN ?... VOILÀ, JE M'APPELLE IQBAR POPARZAÏ ET JE ME PROPOSE DE VOUS LIVRER BIN LADEN EN ÉCHANGE DES 25 MILLIONS DE DOLLARS DE RÉCOMPENSE !!

POURQUOI VOUS INTÉRESSEZ-VOUS À BIN LADEN ? C'EST UN ENNEMI POLITIQUE ?
JE SUIS UN HOMME D'AFFAIRES ET MES RELATIONS VONT DE KARZAÏ À ZAYED...
ZAYED ? L'ANCIEN MINISTRE DES AFFAIRES ETRANGÈRES TALIBAN ?
OUI ! IL LOGE CHEZ LUI À ISLAMABAD. MAIS J'AI BESOIN D'UN PEU DE DÉTENTE AVANT DE POURSUIVRE CETTE DISCUSSION...
SHIMAILA, VIENS ICI !
VOUS N'AVIEZ AUCUNE CHANCE AVEC SOULEIMAN. C'ÉTAIT UN AMATEUR, ET TOUT PESHAWAR A ÉTÉ AU COURANT DE VOTRE PREMIÈRE VISITE CHEZ LUI.
ET ILS L'ONT AMENÉ À DEH BALA, CAR C'EST LÀ QUE SOULEIMAN A TENDU UN PIÈGE À BIN LADEN IL Y A PLUS DE DIX MOIS !
ARRGHHHHHHHHHHHH...
BIN LADEN A DÉTRUIT L'AFGHANISTAN. À CAUSE DE LUI LES TALIBANS ONT PERDU LE POUVOIR, ALORS QU'ILS AVAIENT RESTAURÉ L'ORDRE DANS MON MALHEUREUX PAYS. CERTAINS LUI EN VEULENT BEAUCOUP...
ARRGHHHHHHHHHHHH...
C'EST DOMMAGE QU'ELLE SOIT SI ÉTROITE !

UNE HEURE PLUS TARD. HÔTEL MARRIOTT (ISLAMABAD)...
RECEPTION
CE POPARZAÏ A L'AIR SÉRIEUX. MAIS POURQUOI N'A-T-IL PAS TRAITÉ DIRECTEMENT AVEC LE GOUVERNEMENT DES ÉTATS-UNIS ?...
MAIS ... ?
TU VAS AFFOLER TOUT L'HÔTEL...
MHMMMM... QU'EST-CE QUE CELA PEUT FAIRE ?...

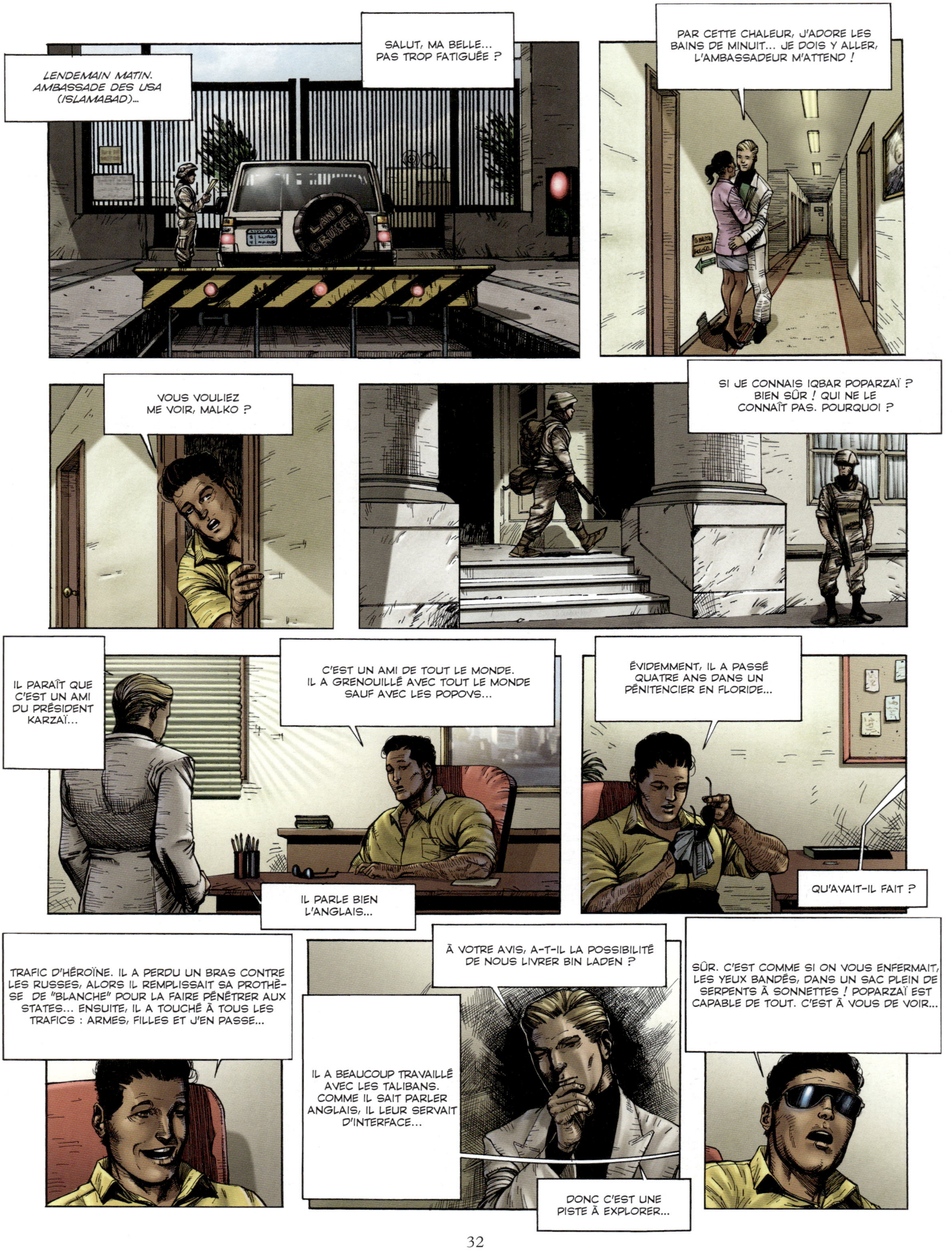
LENDEMAIN MATIN. AMBASSADE DES USA (ISLAMABAD)...
SALUT, MA BELLE... PAS TROP FATIGUÉE ?
PAR CETTE CHALEUR, J'ADORE LES BAINS DE MINUIT... JE DOIS Y ALLER, L'AMBASSADEUR M'ATTEND !
VOUS VOULIEZ ME VOIR, MALKO ?
SI JE CONNAIS IQBAR POPARZAÏ ? BIEN SÛR ! QUI NE LE CONNAÎT PAS. POURQUOI ?
IL PARAÎT QUE C'EST UN AMI DU PRÉSIDENT KARZAÏ...
C'EST UN AMI DE TOUT LE MONDE. IL A GRENOUILLÉ AVEC TOUT LE MONDE SAUF AVEC LES POPOVS...
IL PARLE BIEN L'ANGLAIS...
ÉVIDEMMENT, IL A PASSÉ QUATRE ANS DANS UN PÉNITENCIER EN FLORIDE...
QU'AVAIT-IL FAIT ?
TRAFIC D'HÉROÏNE. IL A PERDU UN BRAS CONTRE LES RUSSES, ALORS IL REMPLISSAIT SA PROTHÈSE DE "BLANCHE" POUR LA FAIRE PÉNÉTRER AUX STATES... ENSUITE, IL A TOUCHÉ À TOUS LES TRAFICS : ARMES, FILLES ET J'EN PASSE...
IL A BEAUCOUP TRAVAILLÉ AVEC LES TALIBANS. COMME IL SAIT PARLER ANGLAIS, IL LEUR SERVAIT D'INTERFACE...
À VOTRE AVIS, A-T-IL LA POSSIBILITÉ DE NOUS LIVRER BIN LADEN ?
DONC C'EST UNE PISTE À EXPLORER...
SÛR. C'EST COMME SI ON VOUS ENFERMAIT, LES YEUX BANDÉS, DANS UN SAC PLEIN DE SERPENTS À SONNETTES ! POPARZAÏ EST CAPABLE DE TOUT. C'EST À VOUS DE VOIR...

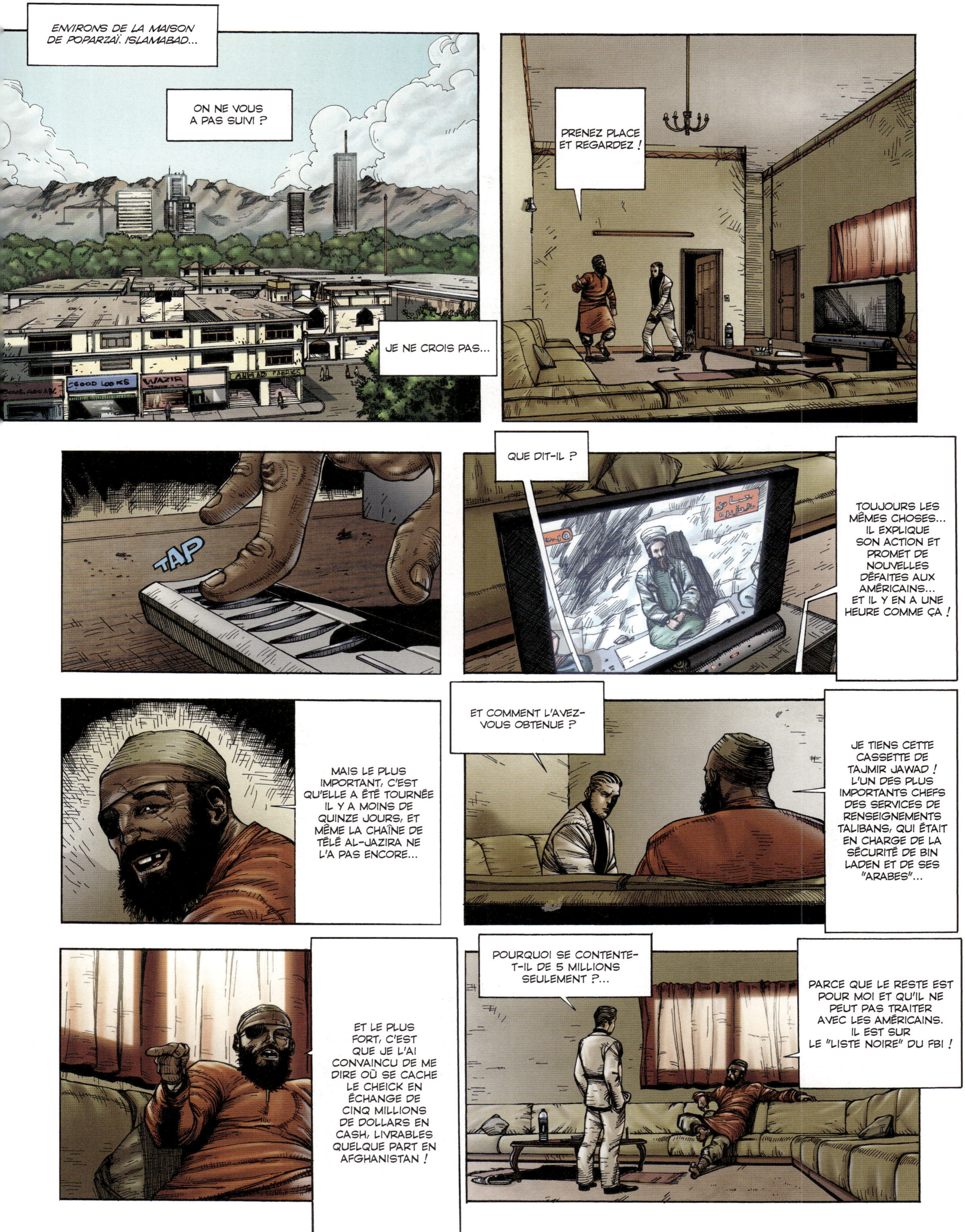
ENVIRONS DE LA MAISON DE POPARZAÏ. ISLAMABAD...
ON NE VOUS A PAS SUIVI ?
JE NE CROIS PAS...
PRENEZ PLACE ET REGARDEZ !
TAP
QUE DIT-IL ?
TOUJOURS LES MÊMES CHOSES... IL EXPLIQUE SON ACTION ET PROMET DE NOUVELLES DÉFAITES AUX AMÉRICAINS... ET IL Y EN A UNE HEURE COMME ÇA !
MAIS LE PLUS IMPORTANT, C'EST QU'ELLE A ÉTÉ TOURNÉE IL Y A MOINS DE QUINZE JOURS, ET MÊME LA CHAÎNE DE TÉLÉ AL-JAZIRA NE L'A PAS ENCORE...
ET COMMENT L'AVEZ-VOUS OBTENUE ?
JE TIENS CETTE CASSETTE DE TAJMIR JAWAD ! L'UN DES PLUS IMPORTANTS CHEFS DES SERVICES DE RENSEIGNEMENTS TALIBANS, QUI ÉTAIT EN CHARGE DE LA SÉCURITÉ DE BIN LADEN ET DE SES "ARABES"...
ET LE PLUS FORT, C'EST QUE JE L'AI CONVAINCU DE ME DIRE OÙ SE CACHE LE CHEICK EN ÉCHANGE DE CINQ MILLIONS DE DOLLARS EN CASH, LIVRABLES QUELQUE PART EN AFGHANISTAN !
POURQUOI SE CONTENTE-T-IL DE 5 MILLIONS SEULEMENT ?...
PARCE QUE LE RESTE EST POUR MOI ET QU'IL NE PEUT PAS TRAITER AVEC LES AMÉRICAINS. IL EST SUR LE "LISTE NOIRE" DU FBI !

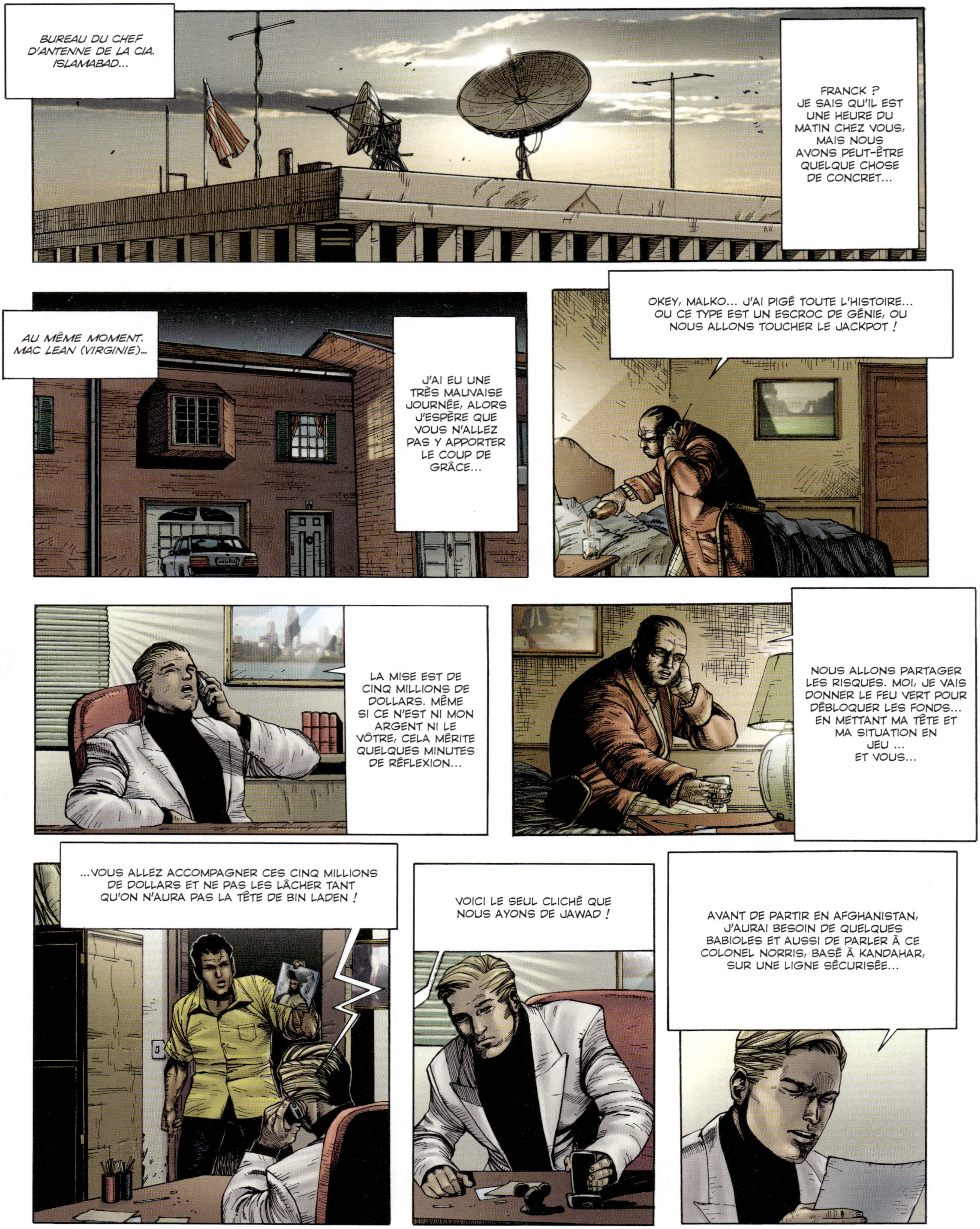
BUREAU DU CHEF D'ANTENNE DE LA CIA. ISLAMABAD...
FRANCK ? JE SAIS QU'IL EST UNE HEURE DU MATIN CHEZ VOUS, MAIS NOUS AVONS PEUT-ÊTRE QUELQUE CHOSE DE CONCRET...
AU MÊME MOMENT. MAC LEAN (VIRGINIE)...
J'AI EU UNE TRÈS MAUVAISE JOURNÉE, ALORS J'ESPÈRE QUE VOUS N'ALLEZ PAS Y APPORTER LE COUP DE GRÂCE...
OKEY, MALKO... J'AI PIGÉ TOUTE L'HISTOIRE... OU CE TYPE EST UN ESCROC DE GÉNIE, OU NOUS ALLONS TOUCHER LE JACKPOT !
LA MISE EST DE CINQ MILLIONS DE DOLLARS. MÊME SI CE N'EST NI MON ARGENT NI LE VÔTRE, CELA MÉRITE QUELQUES MINUTES DE RÉFLEXION...
NOUS ALLONS PARTAGER LES RISQUES. MOI, JE VAIS DONNER LE FEU VERT POUR DÉBLOQUER LES FONDS... EN METTANT MA TÊTE ET MA SITUATION EN JEU ... ET VOUS...
...VOUS ALLEZ ACCOMPAGNER CES CINQ MILLIONS DE DOLLARS ET NE PAS LES LÂCHER TANT QU'ON N'AURA PAS LA TÊTE DE BIN LADEN !
VOICI LE SEUL CLICHÉ QUE NOUS AYONS DE JAWAD !
AVANT DE PARTIR EN AFGHANISTAN, J'AURAI BESOIN DE QUELQUES BABIOLES ET AUSSI DE PARLER À CE COLONEL NORRIS, BASÉ À KANDAHAR, SUR UNE LIGNE SÉCURISÉE...

DEUX JOURS PLUS TARD. HÔTEL PEARL CONTINENTAL (PESHAWAR)...
ALLEZ, MONTEZ !
NOUS ALLONS ARRIVER À UN CHECK-POINT. NE VOUS MONTREZ PAS !
C'EST BON... VOUS POUVEZ VOUS RELEVER. ON VA CHANGER DE VÉHICULE POUR LA SUITE DU TRAJET. DES PLAQUES AFGHANES NOUS RENDRONT PLUS DISCRETS...

RÉVEILLEZ-VOUS ! NOUS VOICI ARRIVÉS...
OÙ SOMMES-NOUS ?
ICI, PLUSIEURS PISTES SE CROISENT. ON PEUT REMONTER VERS JALALABAD OU ALLER VERS LA KHYBER PASS. ET DERRIÈRE NOUS C'EST LE MASSIF DE TORA BORA...
NOUS SOMMES LES PREMIERS ?
OUI. JAWAD VIENT D'ASSEZ LOIN. IL SERA PEUT-ÊTRE EN RETARD. VOUS AVEZ SOIF ?

QUELQUE PART AU SUD DE JALALABAD (AFGHANISTAN)...
BEURK... IL N'Y A MÊME PLUS DE BULLES...
VOUS ÊTES SATISFAIT ?
C'EST ENCORE UN PEU TÔT...
BREITLING
LE VOILÀ !
QU'EST-CE QUI VOUS FAIT DIRE QU'IL S'AGIT DE JAWAD ?
PERSONNE N'EMPRUNTE JAMAIS CETTE PISTE. ELLE A ÉTÉ MINÉE PAR LES TALIBANS ET IL FAUT SAVOIR OÙ...
VOICI VENUE L'HEURE DE VÉRITÉ...

VOICI MON AMI TAJMIR JAWAD...
ET, MALHEUREUSEMENT, IL NE PARLE PAS BIEN L'ANGLAIS...
JE PENSE QU'IL EST PRESSÉ DE VOIR L'ARGENT...
CLIK
JE N'AI PLUS QU'À GAGNER DU TEMPS. IL ME FAUT TRENTE MINUTES...

AFIN DE SAUVER, DANS L'ORDRE, MA PEAU ET LES CINQ MILLIONS DE DOLLARS, CAR CET HOMME NE CORRESPOND PAS À LA PHOTO DE JAWAD QUE M'A MONTRÉE BAUTZER...
DOLLARS... SONT VRAIS !
ABSOLUMENT, MON AMI !
MAINTENANT QU'IL SAIT QUE J'AI L'ARGENT, IL DOIT NOUS DIRE OÙ SE TROUVE OUSSAMA BIN LADEN !
BIEN SÛR ! BIEN SÛR...
ENCORE VINGT MINUTES...
LE CHEICK SERAIT DANS UNE MAISON PRÈS DU LAC ?... C'EST ÇA ?
IL ME FAUT PLUS DE PRÉCISIONS, SINON LES AMÉRICAINS RISQUENT DE PASSER À CÔTÉ... EN TOUT CAS, ON VA ATTENDRE TOUS LES TROIS ICI JUSQU'À CE QUE J'AIE CONFIRMATION DE LA CAPTURE DE BIN LADEN...

ÇA VA ÊTRE MON TOUR !...
TOI DONNER ÇA !
TON ARGENT SERVIRA À FINANCER JIHAD... ALLAH WHAKBAR !!
IL NOUS A TRAHIS ! JAMAIS IL N'A VOULU NOUS METTRE SUR LA PISTE DE BIN LADEN...
QUOI ? L'HISTOIRE DE LA MAISON AU BORD DU LAC EST AUSSI UNE INVENTION ?
ARGHHH... MON PIED ! ÂNE BÂTÉ.... HONTE DE TA MÈRE... JE VAIS TE SAIGNER COMME UN PORC !!
BRAATT
???...

BAM BAM !
SALE BÂTARD ! DÈS QUE JE TE RETROUVE, JE TE TUE !!
TOUT CELA N'ÉTAIT QU'UNE MISE EN SCÈNE. MÊME L'ASSASSINAT DE SES GARDES DU CORPS !
JE ME SUIS FAIT ROULER DANS LA FARINE, ET SANS CETTE HEUREUSE BALLE, POPARZAÏ ME FAISAIT CROIRE QUE L'ON S'ÉTAIT FAIT VOLER LES CINQ MILLIONS DE DOLLARS PAR DE FAUX TALIBANS...
QU'EST-CE QUE C'EST ?
LA CAVALERIE !
ATTENDEZ-MOI !
J'AI UNE AFFAIRE À RÉGLER...

ARGHHHHH...
PRENDS-ÇA, IMPIE !

LE PÉRIMÈTRE EST SÉCURISÉ, SIR... NOUS N'AVONS AUCUNE PERTE...
PARFAIT, COLONEL NORRIS ! MAINTENANT, DEMANDEZ À VOS HOMMES DE RAMASSER TOUS CES BILLETS DE CENT DOLLARS. IL Y EN A POUR UNE FORTUNE !
CE SONT DES VRAIS ?
SAUF SI LA RÉSERVE FÉDÉRALE FABRIQUE DE LA FAUSSE MONNAIE. DÉPÊCHEZ-VOUS !
POPARZAÏ ! NE LUI FAITES RIEN ! JE VEUX SAVOIR SON VRAI NOM, CAR CET HOMME N'EST PAS TAJMIR JAWAD...
CE CHIEN M'A TRAHI !
SALOPARD ! C'EST VOUS QUI M'AVEZ TRAHI ! ET MAINTENANT CET HOMME NE POURRA PLUS ME DIRE LA VÉRITÉ SUR VOS MANIGANCES...
C'EST FAUX ! IL M'A MENTI ET IL A VOULU NOUS TUER...
LÂCHEZ VOTRE ARME !

TROIS JOURS PLUS TARD...
TU OUVRES LE MAGNUM DE COMTES DE CHAMPAGNE 1995, MALKO ?
OÙ ÊTES-VOUS ?
POP
ICI !
MAIS TU VAS DEVOIR DEVINER LAQUELLE SE CACHE SOUS CHAQUE BURKA...
ALORS COMMENÇONS LE TEST...
MHMMMMM...
LÀ, IL ME SEMBLE QUE J'AI UN INDICE...
ALLONGEZ-VOUS SUR LA TABLE BASSE. ET SUR LE VENTRE ! ALLEZ...

JE VAIS BIENTÔT VOUS DONNER MON VERDICT...
OHHH... OUI... ENCORE !
LÀ, C'EST ANGÉLIQUE !
ALLEZ, CONTINUE... REGARDE DANS QUEL ÉTAT TU L'AS MISE !
AU MÊME MOMENT. HÔTEL MARRIOTT (ISLAMABAD)...
VOUS DONNEREZ ÇA AU ROUMI DE LA CHAMBRE 115, S'IL VOUS PLAÎT ?

QUELQUE PART PRÈS DU MASSIF DE TORA BORA...
ET DIRE QUE CELA DURE DEPUIS TROIS JOURS...
N'AYEZ PAS PEUR... CE SONT DES CHEVAUX TRÈS BIEN DRESSÉS. VOUS N'AVEZ MÊME PAS À LES GUIDER !
J'AI SOIF !
SILENCE, ROUMI... NOUS SOMMES BIENTÔT ARRIVÉS !
JE NE SENS PLUS MON DOS NI MON POSTÉRIEUR...

VOUS LUI DONNEZ DES VÊTEMENTS PROPRES ET VOUS ME L'AMENEZ...
LE MESSAGE DÉPOSÉ À L'HÔTEL ÉMANAIT DONC BIEN DE VOUS. JE N'EN ÉTAIS PAS CERTAIN...
JE M'EXCUSE POUR CE VOYAGE QUI A DÛ VOUS FATIGUER, MAIS JE NE POUVAIS PAS FAIRE AUTREMENT. VOUS DEVEZ AVOIR FAIM...
POUR L'INSTANT, IL NE SEMBLE PAS ANIMÉ DE MAUVAISES INTENTIONS...
BUVEZ ! C'EST DU THÉ ROUGE...
VOUS AVEZ DÛ ÊTRE SURPRIS PAR MON INVITATION...
OUI.
D'AUTANT QUE VOUS AVEZ CAUSÉ BEAUCOUP DE TORT À MON ORGANISATION AUX ÉTATS-UNIS. JOHN TURNER ÉTAIT UN HOMME DE VALEUR*. ET, ICI, VOUS AVEZ MIS BEAUCOUP D'ACHARNEMENT À ME RETROUVER. JE SUPPOSE QUE CE N'ÉTAIT PAS AVEC DE BONNES INTENTIONS...
ON PEUT DIRE CELA COMME ÇA...
* VOIR "LE SABRE DE BIN LADEN"...

D'ABORD, JE DOIS VOUS DIRE QUE J'ADMIRE VOTRE COURAGE. BEAUCOUP DE GENS N'AURAIENT PAS PRIS LE RISQUE DE VENIR JUSQU'ICI...
VOUS AURIEZ PU TOMBER DANS UN PIÈGE !
POURQUOI SUIS-JE LÀ ?
PARCE QUE J'AI APPRIS PLEIN DE CHOSES SUR VOUS DEPUIS NOTRE PREMIÈRE RENCONTRE EN 1996. MÊME SUR VOTRE VIE PRIVÉE... J'AI DONC L'IMPRESSION QUE JE VOUS CONNAIS BIEN...
JE SAIS QUE JE PEUX VOUS FAIRE CONFIANCE POUR PORTER UN MESSAGE PERSONNEL AU PRÉSIDENT DES USA ! UN MESSAGE OÙ JE LUI PRÉDIS D'AUTRES 11 SEPTEMBRE S'IL CONTINUE SA POLITIQUE D'OPPRESSION. VOUS ALLEZ AUSSI LUI DIRE CELA...
LE LENDEMAIN...
MALKO ! C'EST BAUTZER... MAIS OÙ ÉTIEZ-VOUS PASSÉ ?
GREG, JE REVIENS DE L'AUTRE CÔTÉ DU MIROIR...
MARTIN EDEN
CESAR
02.08.07
18H42